AF509908

LETTRES

SUR LA

LIBERTÉ DE L'INTÉRÊT

PAR

M. NIOBEY, notaire

maire de Bayeux

membre du Conseil général du Calvados, Président
de la Commission départementale.

BAYEUX

Typographie Sr-A. DUVANT.

LETTRES

SUR LA

LIBERTÉ DE L'INTÉRÊT

PAR

M. NIOBEY, notaire, maire de Bayeux, membre du Conseil
général du Calvados, Président de la Commission
départementale.

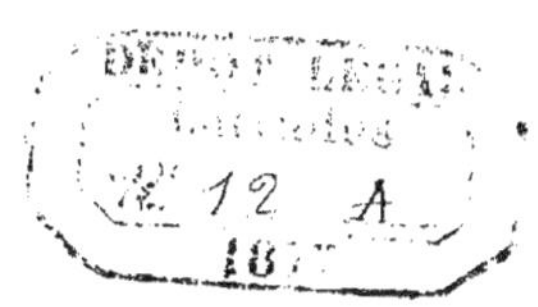

La Chambre des députés a récemment, pris en considération, une proposition tendant à laisser entière, la liberté du taux de l'intérêt.

Une semblable proposition, émanant du gouvernement, fut soumise au Corps Législatif en 1864, puis bientôt retirée ou abandonnée.

La question reprise en 1871 devant l'Assemblée nationale, était à l'étude, ou plutôt sommeillait depuis lors, qnand elle a été réveillée ces jours-ci, par l'initiative d'un membre de la Chambre.

En 1864 et en 1871, M. Niobey publia dans plusieurs journaux, trois lettres sur ce grave sujet. Elles n'ont pas perdu de leur actualité, par le trait de temps, et sur la demande qui nous en a été adressée de différents côtés, nous croyons faire une chose utile pour l'examen de la question, en réunissant ces lettres en brochure.

1re LETTRE.

Monsieur le Rédacteur,

Il est à l'ordre du jour une question qui préoccupe, à juste titre, non-seulement les légistes, les économistes et les financiers, mais le pays tout entier : je veux parler de la liberté du taux de l'intérêt.

Cette question touche à tant de choses, elle renferme de si graves conséquences, que je regarde comme un devoir pour tout homme quelque peu initié à cette matière, d'apporter dans le débat le tribut de ses connaissances et de ses réflexions.

D'un autre côté, en ce qui me concerne, je ne vois aucun inconvénient à exprimer en public les motifs d'une opinion que j'ai été appelé à émettre ailleurs. Adversaire convaincu de la liberté de l'intérêt, je ne crains pas de dire, tout haut, sur quoi se fonde ma conviction.

La liberté de l'intérêt est, à mes yeux, tranchons le mot, la liberté de l'usure. Disons plus, c'en est la réhabilitation ; car, de deux choses l'une :

Ou bien, en déclarant licite ce que tout à l'heure encore elle punissait comme un délit, ce qu'elle frappait

autrefois comme un crime, la loi revient humblement
sur ses pas, et confesse une erreur ;

Ou bien elle implique l'idée d'une révolution com-
plète qui se serait opérée dans nos mœurs. Elle semble
dire: l'usure n'existe plus, l'usure est morte ; ce vice
social est banni de nos habitudes : il est enfin extirpé
du cœur de l'homme où il eut, si longtemps, dans le
sentiment de cupidité, des racines profondes et vivaces,
et il n'y a plus de besoin de lui mettre des entraves.

Mais cette révolution qu'il faudrait avant tout consta-
ter, qu'il faudrait montrer certaine, évidente, avant de
lâcher la bride à l'intérêt, cette révolution, je la nie et
personne ne prend la peine de rechercher si, en effet,
elle a eu lieu. La plupart de ceux qui s'occupent aujour-
d'hui de ce sujet n'envisagent la liberté de l'intérêt
qu'au point de vue financier ou commercial, laissant de
côté l'homme, la morale et la société.

C'est se mettre trop à l'aise et trop simplifier la question. Elle veut être étudiée autrement, pour être saine-
ment résolue.

Le point capital, si je ne me trompe, est celui-ci :

La liberté de l'intérêt, quelque séduisant que soit ce
mot de liberté, dont malheureusement on abuse trop,
ne peut être admise si elle doit favoriser la pratique de
l'usure. Si donc le goût de l'usure n'est point éteint, ou
si, momentanément comprimé par la prohibition, il peut
se réveiller sous l'influence de la liberté, la liberté est
impossible et doit être énergiquement repoussée.

Or, le goût de l'usure est-il éteint ?

Enoncer cette question c'est exactement, à mon sens,
comme si l'on demandait : l'homme a-t-il cessé d'être
avide ? ou étant toujours avide, a-t-il absolument renoncé
à l'un des plus faciles moyens de satisfaire son avidité,
sa convoitise, son avarice ?

Mais pour bien apprécier l'état présent de ce vice de
l'usure, ce n'est pas assez d'en connaitre le principe,
il faut encore l'observer rétrospectivement dans sa marche et ses effets au milieu des sociétés.

Si nous interrogeons l'histoire, elle nous apprend que l'usure fut de tous temps un fléau pour les peuples, à ce point que dès l'origine, des prescriptions religieuses, suprêmes et inévitables sanctions, durent intervenir pour les en préserver en défendant le prêt à intérêt ou a usure, expressions alors tout-à-fait synonimes. Longtemps l'usure fut assimilée au vol.

La loi civile tenta aussi d'interdire l'intérêt de l'argent mais c'était atteindre le commerce dans sa source ; ne pouvant le prohiber on essaya du moins d'en régler le taux, d'en réfréner l'abus.

Chez les Romains, nos maîtres en législation, la loi autorisait l'intérêt d'un pour cent par mois, douze pour cent par an, mais avec cette pénalité que, quiconque aurait retiré un intérêt plus élevé, fût condamné à restituer le quadruple et noté d'infamie !

L'avidité des prêteurs, secondée par les exigences du luxe, éluda souvent ces dispositions. Le mal devint tel, à certaines époques, qu'on dut ou réduire arbitrairement le taux ou proscrire entièrement l'intérêt que la force des choses amenait ensuite à rétablir, sans jamais, néanmoins, laisser la liberté a l'usure : les Romains n'imaginèrent pas que déchaîner le monstre était le moyen d'arrêter ses ravages !

Les mesures qu'on lui opposa en France ne furent pas moins sévères. On y fixa le taux de l'argent. Il fallait un taux légal pour les intérêts judiciaires et moratoires et pour les constitutions de rentes ; mais le prêt a intérêt, proprement dit, fut expressément défendu.

Pour pouvoir tirer de son argent un intérêt conventionnel quelconque, il fallait aliéner le capital. Tout prêt temporaire, c'est-à-dire avec condition de rendre, était considéré comme usuraire et poursuivi avec une grande rigueur. On peut s'en convaincre en lisant l'ordonnance de Blois de 1579, l'Edit de 1605 d'Henri IV sur l'usure, et l'ordonnance confirmative rendue par Louis XIII, en 1629.

Les pénalités édictées par ces lois n'étaient pas comminatoires, lors surtout que l'intérêt excédait le taux légal. Les anciens recueils de jurisprudence sont pleins d'arrêts dont les derniers ne remontent pas au-delà de 1777, qui prononcent : soit l'amende honorable en place publique avec écriteau, soit l'amende honorable avec bannissement temporaire, soit le carcan avec bannissement, etc. Néanmoins quand l'intérêt reçu n'avait pas excédé le taux légal de la rente, les tribunaux se bornaient à l'imputer sur le capital en réduisant d'autant la dette.

Ces sévérités, Dieu merci ! nous étonnent. Dieu merci ! dis-je, parce que, sans être arrivée à l'idéal qui permettrait la liberté, notre société, sous ce rapport comme sous tous les autres, s'est singulièrement améliorée.

Mais à cette époque, le chancre de l'usure attaquait et dévorait presque toutes les fortunes ; il fallait un remède héroïque.

De nos jours sa dent est moins âpre, c'est un fait incontestable ; cependant tout en s'efforçant de déguiser, de cacher ses atteintes, elle ne laisse pas de se montrer souvent encore, notamment dans les grands centres, et il n'est pas excessif de craindre qu'elle ne se retrempât bien vite dans l'atmosphère appétissante et facile de la liberté.

Un homme grave et de haute expérience me disait récemment, à cet égard : « Qu'on décrète la liberté de « l'intérêt et vous verrez : pour peu que cela dure, avec « les goûts et les habitudes de la jeunesse actuelle des « grandes villes, force sera de décréter aussi, comme in- « dispensable correctif, l'incapacité pour les fils de « famille de contracter avant d'être héritiers, sous peine « de les voir ruinés par anticipation et leur patrimoine « futur mangé en herbe. On peut, aujourd'hui comme « autrefois, réduire la créance usuraire ; mais quand « l'usure sera licite, quand tout taux sera permis, le « prêteur saura bien en profiter en faisant valoir les « risques qu'il court en prêtant sur des espérances qui « peuvent s'évanouir, et, comme il sera maître, maître

« absolu de la situation, il faudra payer tout jusqu'au
« dernier centime, et la loi y prêtera main forte ! »

La liberté de l'intérêt, je le montrerai bientôt, aurait
bien d'autres effets non moins déplorables et plus im-
médiats. Mais revenons, un moment, à notre coup-d'œil
historique. On voudra bien pardonner l'ennui de ces
détails au besoin de faire connaître l'état de la question.

La modération dans l'application des peines, dont je
parlais tout à l'heure, lorsque le taux légal n'avait pas
été dépassé, était un symptôme : elle indiquait que le
prêt à intérêt, jusque-là sévèrement proscrit, commençait
à se faire place. En effet un des premiers soins de l'assemblée constituante fut de l'accueillir et de l'inscrire
dans nos lois. Un décret du 2 octobre 1789 permit le
prêt à terme fixe, avec stipulation d'intérêt suivant le
taux réglé par la loi.

Il est remarquable que cette assemblée imbue d'idées
nouvelles et qui allait refondre entièrement l'édifice
social, ne crut pas pouvoir, en admettant le prêt à terme
fixe, lui laisser toute franchise : l'expérience des œuvres
de l'usure, put seule commander une entrave à la liberté
à une pareille époque, et le prêt fut forcé de se renfermer
dans les limites déterminées par la loi.

On sait que le taux était alors de 5 °|₀ sujets à retenue.
Après avoir subi différentes variations sous les règnes
de Charles IX, Henri IV, Louis XIII, Louis XIV et
Louis XV, il était descendu du denier dix au denier
vingt, c'est-à-dire de 10 à 5 p. °|₀, taux auquel il avait
été fixé, en dernier lieu, par une ordonnance de 1770.

Les barrières imposées au prêt à intérêt, par le décret
de 1789, ne devaient pas tarder à être rompues. La
création du papier-monnaie, jointe aux difficultés de
toute sorte qui surgirent autour de la révolution, pous-
sèrent aux moyens extrêmes : une loi du 11 avril 1793,
déclara l'argent marchandise.

L'usure ne se le fit pas dire deux fois. En vain cette
loi fût-elle promptement rapportée : un principe avait
été proclamé, on s'en souvint, on s'en servit pour abri-

ter des abus que ces temps malheureux ne favorisaient
que trop.

L'argent marchandise ! Plus d'usure alors ; plus de
frein à l'avide. L'usurier ne sera plus qu'un marchand
d'argent. Aussitôt le numéraire se resserre, on l'accapare,
il disparait, et l'intérêt s'élève vite à 30, 40, 50 et 60
pour cent ; une nuée de marchands d'argent s'abat,
avide, au milieu des plus grands embarras, des plus
grandes difficultés, des plus grandes gènes et consomme
le malheur, la désolation, le désastre des familles.

Ces temps sont loin de nous. Cependant on cite encore, dans nos contrées, les ruines mémorables que la
liberté de l'intérêt y a faites, et un certain nombre de
fortunes portent encore la trace des atteintes qu'elles en
ont reçues.

Fort heureusement, la loi du 3 septembre 1807, vint
mettre ordre à ces excès.

On peut diviser ceux qui faisaient alors le trafic de
l'argent en deux classes formées : l'une des capitalistes disposés à user de toute latitude de la loi pour tirer
parti de leur argent, mais non à affronter la loi ; l'autre
d'usuriers pour qui la loi n'est rien si l'on peut y faire
fraude.

Sous l'influence de la loi de 1807, les premiers, par
bonheur les plus nombreux, renoncèrent à l'usure, et
leurs capitaux vinrent soit faire concurrence dans l'achat
des terres ou des fonds publics, soit alimenter la banque,
le prêt hypothécaire et l'industrie,

Les autres, hardis corsaires, restèrent longtemps
encore sur la brèche ; mais d'un côté poursuivis ou in-
quiétés, de l'autre réduits par la concurrence irrésis-
tible des banques à une chétive et périlleuse clientèle,
eux aussi se retirèrent successivement, et l'on peut dire
que le prêteur à la petite semaine, cet arabe sans règle
ni taux, qui alors rançonnait, pressurait notre contrée,
n'y existe plus aujourd'hui.

La banque et les caisses d'épargnes ont beaucoup
contribué à ce résultat : la banque en se faisant inter-

médiaire régulier entre les possesseurs du capital et ceux qui l'utilisent ; les caisses d'épargnes en absorbant ces petites économies où les trafiquants d'argent interlopes puisaient leurs moyens d'action.

On sait généralement, de quelle façon ces économies étaient, avant l'établissement des caisses d'épargnes, saisies et lancées dans la circulation usuraire ; mais il n'est pas inutile de le rappeler, car chez nous, on oublie vite, et ce qui s'est pratiqué jadis, se pratiquerait certainement encore sous le régime qu'on songe à inaugurer.

Dans toutes les villes, dans tous les bourgs, dans presque toutes les agglomérations de quelque importance, d'habiles intrigants, sans autorité que leur aplomb, sans autre mobile que l'amour d'un lucre facile, savaient s'emparer de la confiance du rentier, de l'artisan, du domestique, les séduisaient par l'appât toujours infaillible *du gros intérêt*, prenaient leur argent à six, sept, huit et dix pour cent et le prêtaient, pour la ruine d'une foule de malheureux, à douze, quinze, dix-huit, vingt et davantage, trafic trois fois déplorable qui, allumant et entretenant l'ardente et impitoyable convoitise dans les cœurs d'une classe honnête, y étouffait tout noble sentiment, corrompait, pervertissait entièrement les intermédiaires et désolait ceux qui avaient le malheur d'y recourir

Eh bien ! tout cela n'existe pour ainsi dire plus que dans nos souvenirs, et nous en sommes redevables, en premier ordre, à la loi du 3 septembre 1807, qui, en prohibant et frappant sévèrement l'intérêt usuraire, a imprimé un autre cours aux penchants, une autre direction aux capitaux.

Ainsi l'homme a toujours abusé de l'usure pour satisfaire sa soif d'argent ; les abus se sont généralisés, ils ont été plus grands, plus nuisibles, plus désastreux quand le taux de l'intérêt a été libre ; cette liberté a fait presque instantanément monter le taux au-delà de toute mesure, et force a été de la retirer pour ramener l'ordre et la moralité dans la sphère du prêt à intérèt, tel est l'enseignement de l'histoire.

Il y a vingt-cinq à trente ans que cet ordre, cette moralité sont à peu près rétablis. En faut-il conclure que l'usure a pour toujours abdiqué et qu'elle n'est plus à craindre désormais, lors même que la liberté viendrait lui ouvrir les barrières ?

Il m'est impossible, je le répète, d'admettre une pareille conclusion. Ce n'est pas à une époque ou l'on respire plus fort que jamais l'amour du bien-être, des plaisirs, du luxe, où, pour se les procurer, il n'est industrie si étrange qu'on n'invente, entreprise si hasardeuse, si folle où l'on ne se jette, qu'on négligerait l'usure libre, ce moyen facile et sûr, pour bien vivre et s'enrichir !

Je suis persuadé que l'enquête ouverte n'induira pas à penser autrement, si l'on tient compte de l'opinion des hommes les plus à même, par leur position officielle et permanente au milieu du mouvement des intérêts divers, de connaître les goûts, l'esprit, les tendances des populations

A propos de l'enquête, j'ai sous les yeux, entre autres documents, le rapport de la commission de la Chambre de commerce de Rouen. L'organe de la majorité, dans ce travail où la question est examinée sous plusieurs de ses faces, partage nos appréhensions sur les conséquences de la liberté de l'intérêt, il exprime la crainte de voir se reproduire, dans une certaine proportion, les excès qui marquèrent d'une façon calamiteuse le commencement de ce siècle et la fin du dix-huitième, et il conclut au maintien de la loi de 1807. A la vérité ces conclusions ont été rejetées à la suite d'un dernier débat; mais quel argument en a triomphé ? La haine du nouveau privilége accordé à la Banque de France par l'article 8 de la loi du 10 juin 1857, qui lui permet d'élever l'intérêt de ses escomptes et de ses avances au-dessus de 6 p. °[₀. D'honorables négociants, des hommes considérables se posant sur ce terrain et s'inspirant des souffrances in-

fligées au commerce, en ces derniers temps, par l'exercice
de cet exorbitant privilége, ont entraîné leurs collègues
d'opinion dissidente à demander, avec eux, l'abrogation
de la loi de 1807 comme le plus sûr moyen de ramener
la Banque dans le droit commun. C'est, au fond, une
croisade contre la Banque de France et non contre cette
loi à laquelle on ne me paraît reprocher ici que d'abriter
les priviléges de ce grand établissement.

Les souffrances du commerce sont réelles, et elles
méritent d'attirer l'attention du gouvernement et du législateur [*]. Mais est-ce assez pour qu'on en vienne, tout-à
coup, à supprimer une loi qui protége tant de légitimes
intérêts? Le commerce n'est qu'une des branches des
intérêts sauvegardés par la loi de 1807, et le mal qu'il
éprouve n'est qu'accidentel. Il est permis d'espérer que
la Banque entendra et comprendra ses justes plaintes et
qu'elle aimera mieux modérer l'usage de son privilége
que de s'exposer à le voir tomber tout à fait, ou que, si
la Banque est sourde, on trouvera bien un autre moyen
de la ramener au but de son institution, sans rouvrir
les portes aux exactions de l'usure.

Les intérêts que blesserait mortellement cette innova-
tion qu'aucun d'eux n'a jamais réclamée et que tous re-
poussent, sont principalement ceux :

Du prêt civil,
De la propriété foncière,
Du crédit public,
Des caisses d'épargnes
Et de la morale.

Et comment cela? C'est fort simple :

Je pose en fait, et je justifierai ce point dans un ins-
tant, que la liberté fera monter le taux de l'intérêt.

Or, l'emprunt civil ou hypothécaire aujourd'hui largement alimenté au taux de cinq, aura à subir l'excédant,
charge pénible et menaçante puisque déjà le taux actuel
excède de beaucoup le revenu des terres

---

[*] On peut s'en convaincre en se reportant à la crise de la fin
de 1867.

Celles-ci qui ne rapportent que deux, trois, trois et demi ou quatre pour cent, selon les localités, sont depuis quelques temps peu recherchées des capitalistes et des rentiers qui, tous, courent après le revenu. Que sera-ce lorsque la liberté aura ouvert un champ plus vaste et une prétention sans limites aux capitaux ? Les terres alors, tout à fait délaissées, éprouveront une dépréciation considérable, et le sol, cette base fondamentale de la vraie puissance, n'aura plus pour amateurs que ceux qui le cultivent, lesquels pour s'en ren lre maîtres et le posséder devront passer, eux aussi, par l'étamine du libre intérêt.

Les fonds publics, eux-mêmes, qui donnent au plus quatre et demi, peuvent-ils se flatter de n'être pas abandonnés à leur tour, dans cette poursuite au revenu ? Beaucoup les préfèrent au prêt à cinq, à cause surtout de l'exactitude du paiement ; mais quand le prêt hypothécaire, non moins solide, pourra donner six, sept, peut-être huit pour cent, le mérite de la rente résistera-t-il à cette différence ? On ne peut raisonnablement espérer cela, et si l'Etat venait à faire un emprunt sous un pareil régime, ce n'est pas à soixante-quinze, ni à soixante-dix, c'est à moins de soixante, peut-être, qu'il faudrait offrir le 3 p. 0|0.

Moins productives encore, les caisses d'épargnes seraient d'autant plus mal traitées. Leurs dépôts à 3 ou 4 p. °|₀ promptement retirés s'empresseraient d'aller chercher meilleure fortune dans les voies aplanies et fructueuses de l'usure au gran l préjudice de la morale qui verrait refleurir cette déplorable industrie, avec tout le cortége des mauvais sentiments qu'enfante et traine à sa suite, l'exploitation de la gène, de la souffrance et du malheur à l'aide de l'argent.

A tout cela qu'aura gagné le commerce ? De plus experts que moi pensent qu'en demandant la liberté de l'intérêt, il fait l'affaire des gros capitalistes qui l'alimentent et non les siennes ; que les exigences de la

Banque de France ne sont qu'un prétexte habilement mis en œuvre, par ceux-ci. pour obtenir le droit de *vendre librement leur marchandise*, et qu'une fois ce but atteint, le taux exceptionnel qui excite aujourd'hui tant de plaintes pourra bien devenir le taux normal.

Ce dont je suis convaincu. quoiqu'en disent les économistes, c'est que la liberté élèvera, en général, le taux de l'intérêt. La désastreuse expérience des quatorze années de 1793 à 1807, et la logique de tous les temps, ne laissent là-dessus nulle incertitude.

La liberté, selon les utopistes, doit nécessairement abaisser le taux. Quelle liberté ? celle de prêter au-dessous du taux légal ? Mais cette liberté, tout le monde l'a et personne n'en use : on s'en garde bien. Est-ce donc à dire que le capitaliste est ainsi fait, qu'il ne peut consentir à descendre au-dessous de cinq ou six, que s'il lui est permis de prêter à dix ou douze et plus ! Raisonne ainsi qui pourra ! Voyez plutôt la Banque de France : tant qu'elle a été renfermée dans les limites du maximum légal et du décret de 1808, elle a escompté à 4 p. 0|0 ; elle n'en a pas été sitôt affranchie , que son escompte s'est élevé successivement jusqu'à huit ! Libre de faire comme elle, qui donc ferait mieux ?

Ce n'est pas ainsi, dira-t-on, que l'entendent les économistes : la liberté, suivant eux, stimulera la concurrence, une plus grande masse de capitaux entrera dans la circulation active, et l'offre se trouvant ainsi dans un meilleur rapport avec la demande, le prix de l'argent , conséquence forcée, sera moins cher.

Raisonnement superbe. en théorie, mais dans les faits ?

N'est il pas vrai que le premier effet de la liberté de l'intérêt en 1793, fût de décupler la puissance des capitaux qui se resserrèrent, disparurent, se complétèrent et ne revinrent que pour rançonner, tailler à merci le malheureux emprunteur ? Les temps ne sont pas les mêmes , sans doute, et le mal serait moins grand ; mais il faut toujours compter avec la soif de l'or, que le progrès n'éteint point et n'apaise guère.

Puis, quels sont donc les capitaux, en ce moment inactifs, que la liberté ferait sortir de leur oisiveté ?

Les capitaux qu'enterre la peur, ne seront certes pas exhumés par le nouveau régime ;

Ceux que peut arrêter l'idée religieuse ne seront pas plus libres avec la liberté ;

Et ceux à qui le taux de cinq suffirait, n'ont pas besoin de liberté nouvelle pour entrer en concurrence.

Y en aurait-il d'indifférents à ce taux, que la liberté de tenter un sort plus confortable, déterminerait seule à se mettre en évidence ? Cela n'est pas supposable : si l'on ne s'arrange pas de cinq, on s'arrange moins encore de rien.

Disons-le, les capitaux susceptibles de circuler, circulent. Combien n'y ont-ils pas été provoqués depuis vingt ans ? L'emprunt civil ou commercial n'a pas été seul à les réclamer. De toutes parts sont venues des sollicitations plus ou moins séduisantes. L'État, ce solide, cet exact débiteur, a demandé des milliards, les chemins de fer des milliards, les emprunts étrangers ou municipaux des milliards ; d'autres milliards sont allés à des opérations, à des entreprises sans nombre, fruits de cette activité merveilleuse dont une prospérité exceptionnelle a favorisé le développement. La liberté n'augmenterait donc pas la masse circulante : mais elle changerait les conditions de la circulation. Qu'on veuille bien se rappeler à cet égard, où dans ce multiple appel je laisse l'État en dehors qui leur a été adressé, se sont portés, avec plus d'entraînement , les capitaux ? Ils se sont précipités, tête baissée, là où des promesses fallacieuses de primes chimériques , de dividendes impossibles leur préparaient des mécomptes, des déceptions, des catastrophes ! !

Cette ardente poursuite du gros revenu, à travers les aventures, n'indique-t-elle pas ce qui sera tenté dans la sphère, devenue libre, du prêt pour lui faire produire davantage et s'indemniser des pertes subies ailleurs ?

Pour moi, je ne doute ni de ces tentatives, ni de leur succès, et j'y vois pour résultat, je le répète, une augmentation du taux de l'intérêt.

Favoriser ce résultat serait une chose regrettable.

Quelle raison d'élever un taux qui déjà dépasse de beaucoup le revenu des terres, qui suffit pour attirer les capitaux vers l'emprunt hypothécaire, dans les canaux de la Banque et dans les caisses du Crédit foncier , et que l'Etat lui-même, l'Etat qui possède tous les éléments d'appréciation, a reconnu trop élevé, et cela avec une conviction telle qu'il en a fait la base de la réduction de la rente ?

Autrefois le taux allait en décroissant ; de 1509 à 1770, il était tombé de 10 à 5 p. 0ı0 dont il fallait déduire l'impôt. Nous le tenons à 5, libres d'impôts, depuis 1807, et on le verrait s'élever encore ! Ferions-nous donc, sous ce rapport, du progrès au rebours ?

Je me propose d'examiner dans une lettre prochaine la théorie de l'*argent marchandise*, ce pivot des partisans de la liberté.

Veuillez agréer, Monsieur le rédacteur, l'assurance de mes sentiments les plus distingués.

NIOBEY.

2me **LETTRE.**

2me LETTRE

Janvier 1865.

Monsieur le Directeur,

Ma première lettre sur la liberté de l'intérêt en annonçait une seconde. Différentes circonstances ne m'ayant pas permis de remplir cet engagement avant le jour où votre estimable journal m'a appris que j'avais rencontré, dans la personne de M. Jules Lecesne, un éminent adversaire, je ne pouvais plus aborder le sujet de cette seconde lettre sans discuter, en même temps, les raisons opposées à la première.

J'eusse pu le faire sur-le-champ, mais l'apologie entreprise par M. Jules Lecesne du privilège et des actes de la Banque de France, dont je n'avais touché qu'un mot en passant, m'obligeant à y donner une attention plus particulière, et ayant entendu dire à cet égard, qu'en présence des vives et nombreuses attaques dont elle était l'objet, la Banque allait, à son tour, prendre la parole, j'attendais ses explications. Elle a parlé ces jours derniers, et je ne vois plus de raison de retarder ma réponse à M. Jules Lecesne et mes observations sur la théorie de l'argent marchandise.

C'est avec une véritable satisfaction que j'ai vu l'honorable M. Lecesne éprouver le besoin de descendre dans la lice au secours du projet qui m'inquiète et dont tout notre pays s'inquiète au plus haut dégré. Cette intervention d'un homme qui a puisé sa compétence dans la pratique des affaires et l'étude de l'économie politique prouve que, malgré la confiance qu'ils affectent sur l'avenir de ce projet, ses partisans ne laissent pas que de s'émouvoir des considérations qui s'élèvent contre l'usure à laquelle il va donner libre carrière. Courage donc à ceux qui sont toujours persuadés que la liberté de l'intérêt doit infailliblement nous ramener ce fléau !

Je suis de ce nombre ; le brillant plaidoyer de M. Lecesne ne m'a pas converti. Son habile et éloquente discussion a pu séduire les personnes qui ne possèdent pas suffisamment les éléments de la question ; mais quelque plaisir que j'aie pris à la lire, elle ne pouvait ébranler mes convictions. J'ose dire qu'elle a laissé debout tous mes arguments.

Non qu'entiché des vieux systèmes, je m'opiniâtre à soutenir ce que le temps a frappé, ou que, rebelle au progrès, je lui veuille des limites. Je suis de mon siècle et j'aime le progrès. Seulement, je me défie et m'effraie lorsque, impatient de cette sage et prudente gradation qui assure sa marche, il s'apprête à bondir au hasard.

Le spectacle de la vie américaine peut inspirer d'autres hardiesses, mais chaque pays a ses mœurs et ses besoins. Que l'Amérique supporte la liberté de l'intérêt s'en arrange même, je le veux bien, qu'est-ce que cela prouve pour la France ? Les Américains n'ont-ils pas aussi la liberté absolue de la presse, la liberté absolue d'association qu'on ne songe pas, je pense, à importer chez nous ? Telle liberté réussit chez un peuple qui ne convient point à un autre : l'Angleterre et la Belgique se trouvent bien de la liberté de la boulangerie ; voyez ce qu'elle a produit en France ! M. le sénateur préfet de la Seine constatait, avec quelque amertume il y a quelques jours, que la seule ville de Paris l'avait payée de neuf millions en 1864 !

Après la liberté de l'intérêt, toutes les libertés s'enchaînant, s'appelant, se complétant les unes les autres, on voudra, sans doute, la liberté des banques. Elle existait aussi au-delà de l'Atlantique, et c'est à l'usage aussi téméraire que confiant de cette liberté, en apparence si merveilleusement organisée, que sont dus ces immenses désastres qui, en 1857, ont coûté deux milliards à l'Europe et ont été, ainsi que le rappelle M. Lecesne, comme le prélude de cette lutte impie où ce peuple modèle des Etats-Unis, semble vouloir noyer dans des flots de sang tout ce que la Providence s'était complue à lui prodiguer de richesse, de force et de prospérité !

Il me revient à ce propos qu'étant à Paris, en cette année 1857, j'assistais aux réflexions de deux financiers bien connus, sur cette crise désastreuse pour l'Angleterre et l'Allemagne surtout. L'un d'eux en concevait de graves alarmes pour l'avenir, l'autre en prenait son parti « Que voulez-vous, disait-il, c'est l'exubérance d'un « peuple dans toute sa sève, c'est un jeune homme qui « fait des fredaines ; avec l'âge cela s'apaisera, se cal- « mera. » Dieu le veuille !

La France n'est plus dans l'âge des folies. Elle n'est pas, que je sache, tourmentée de cette fièvre pléthorique qui l'excuserait de compromettre sa vitalité, ses destinées, pour se lancer dans le progrès à l'aventure.

Quand au système, que je défends, loin de s'écrouler comme on veut bien le dire, je constate avec bonheur qu'il se développe et se fortifie de plus en plus, en raison directe du progrès de la civilisation. Il a son principe dans la haine de l'iniquité et de l'oppression, et je le résume dans la protection de l'opprimé contre l'oppresseur ; en d'autres termes :

Je défends le faible contre le fort. Le faible, ici, est celui qui a besoin d'argent : le fort, celui qui possède l'argent, et je ne connais pas de tyrannie plus dure, plus impitoyable que celle du dernier envers l'autre :

Je défends les droits du travail contre les prétentions du capital qui le rançonne outre mesure et souvent l'anéantit.

Je défends le malheureux pressé de la faim, contre

l'usurier qui lui fait acheter au poids de l'or la bouchée de pain dont il attend la vie ;

Enfin je défends la saine morale déjà profondément blessée du culte effréné du veau d'or dans les régions de la bourse et de l'agio, où vont se perdre, en notable partie, les économies du pays, et qui ne saurait souffrir que le *capital usurant*, ce capital *honteux*, selon l'expression de M. Lecesne, puisse jamais se croire un capital honnête, sous le prétexte qu'il soulagerait des maux dont il a seul le remède !

Peine inutile, soin superflu, dit-on. La liberté de l'intérêt, par l'essor et la direction qu'elle donnera aux capitaux, fera plus que toutes les mesures restrictives, pour abattre l'usure et la tyrannie de l'argent. Il se portera sur tous les points à la recherche du revenu comme la marchandise à la recherche du consommateur, et l'activité de la concurrence amènera l'abaissement du taux. Vous objectez l'exemple de 1793 et les conséquences plus récentes de la liberté accordée à la Banque de France ; l'objection est sans force. La loi de 1793 fut aussi innocente des excès de l'époque que celle *mort-née* de 1807 du rétablissement de l'ordre dans les transactions, et imputer à la liberté exceptionnelle de la Banque l'élévation du taux de l'escompte, c'est confondre les effets avec la cause. La cause, la cause immédiate et déterminante est la nécessité où nous sommes, par suite de la conflagration américaine, de tirer l'aliment de nos manufactures de pays qui, ne nous admettant pas aux échanges, nous obligent d'y porter notre argent et notre or qui y coulent incessamment sans en revenir jamais ; c'est aussi la solidarité qui existe entre les grands établissements financiers. Maintenir l'escompte à 4, lorsque les banques de Londres et de Francfort l'élèvent à 8, ce serait pousser vers ces deux centres, c'est-à-dire vers un plus fructueux emploi, et chasser de France les métaux précieux, mettre l'encaisse métallique de la Banque à la merci de nos voisins et inviter le commerce étranger à nous disputer ses ressources. Le nivellement du taux d' l'escompte prévient tous ces inconvénients : ne voyant pas d'avantages à nous quitter, nos métaux nous restent, de même que les commerçants étrangers s'alimentent chez eux quand ils ne peuvent espérer d'être mieux traités en France. La loi qui autorise l'élévation de l'intérêt a donc été bienfaisante : on lui doit d'avoir traversé, sans encombre, la crise de 1857, et d'avoir pu, dans la crise actuelle, étendre au lieu de les restreindre, comme cela se pratiquait autrefois, les moyens et les facilités que le commerce attend de la Banque.

Je ne suis pas convaincu par ce raisonnement spécieux, mais qui manque de base.

Et d'abord, il m'est impossible d'admettre, à soixante ans d'intervalle, la révision du jugement porté sur la loi de 1793 par ceux qui l'ont faite et par ceux qui en ont senti le poids. Les premiers, à l'aspect de ses résultats, s'empressèrent de la condamner en la rapportant, et ses méfaits inspiraient au rapporteur de la loi de 1807, chargée d'y mettre un terme, des réflexions telles que celles-ci : « Il est reconnu que le taux excessif de l'in-
« térêt de l'argent attaque la propriété dans ses fonde-
« ments, mine l'agriculture, empêche le propriétaire de
« faire des améliorations utiles, corrompt les véritables
« sources de l'industrie par la pernicieuse facilité de pro-
« curer des gains considérables, détourne les citoyens
« de professions utiles et modestes, tend enfin à ruiner
« des familles entières et à y porter le désespoir. »

Réflexions toujours justes et qui font que je m'étonne d'entendre appeler *mort née* cette loi salutaire de 1807, contemporaine de nos codes. Mort-née, une loi qui nous régit depuis 57 ans, qui fut reconnue si éminemment utile en 1850, que le législateur sentit la nécessité de la renforcer par une aggravation de peines et qui, aujourd'hui encore, est la seule digue qui nous défende puissamment contre le flot menaçant de l'usure ! Mort-née, parce qu'elle admet certaines tolérances, justes au fond, en matière d'escompte ; parce qu'elle gémit en silence, de voir ces tolérances s'étendre indéfiniment, comme con-

séquence obligée du privilège concédé à la Banque de
France ! Mort-née, parce que l'usure s'ingénie et s'ingé-
niera toujours à la tromper ! Mais depuis quand appartient-il à l'exception d'anéantir la règle, aux pratiques
frauduleuses de la cupidité d'abroger les lois qui lui
sont opposées ?

Les faits nouveaux qu'on invoque ne sont pas plus concluants. Quelle corrélation y a-t-il entre le libre-échange
et la liberté de l'intérêt ? Je suis libre-échangiste ; j'ai
toujours compris que ce serait un grand bien pour les
différents peuples de pouvoir, en se communiquant les
produits de leur sol et de leur industrie, mettre, pour
ainsi dire, au service de tous et les dons de la Providence
et les fruits du labeur universel. Il n'est pas de meilleur
moyen d'établir et de cimenter entre eux de solides et fécondes alliances, d'éteindre les causes de guerre, d'exciter
l'émulation du producteur, le zèle de l'ouvrier, l'activité
dans le travail et de porter par tout le monde, avec la
jouissance du bien-être, les éléments de civilisation et
de progrès. Mais je n'aperçois pas de lien entre ces relations internationales et la question du prêt à intérêt.
Celle-ci, mesure de police intérieure pour chaque pays, se
subordonne à ses mœurs, à ses besoins, à ses penchants,
à la nature de ses richesses et de son industrie, à son
organisation civile, au rôle de son capital métallique dans
les transactions et à l'importance de ce capital, tandis que
celles-là n'ont à tenir compte que de l'état des rapports
entre les peuples et de la condition relative de leurs industries. Nous commerçons avec l'étranger, mais, sauf
les emprunts publics en dehors de notre sujet, nous ne
lui prêtons point et il ne nous prête pas ; il n'y a donc
pas, au point de vue de nos contacts avec lui, de raisons
pour que nous adoptions ses lois ou qu'il emprunte les
nôtres.

On veut niveler le prix de l'argent ? La valeur intrinsèque de l'argent est à peu près partout la même et en
quelque sorte fixe : sa valeur en face des objets de commerce est essentiellement mobile, et cette incessante mo-

bilité tient à mille causes qui se modifient incessamment. Elle varie selon la qualité, la quantité, l'espèce, le besoin qu'on a des marchandises qu'il recherche ou qui le sollicitent ; elle varie du jour au lendemain , d'une minute à l'autre ; dans le même temps elle diffère selon le lieu, dans le même lieu selon les choses, dans les mêmes choses selon les individus, leur plus ou moins d'habileté, d'empressement ou de patience, etc. ; cette valeur, en un mot, est quelque chose de divers, de multiple, d'insaisissable, entièrement distinct de l'intérêt qu'elle ne pourrait servir à déterminer et avec lequel on a tort de la confondre. L'intérêt de l'argent se règle sur l'ensemble de nos capitaux, de nos richesses productives de toute nature dont l'argent n'est qu'un des éléments, ce qui fait qu'il se modifie lentement, mais qu'il doit s'abaisser à mesure que s'accroît la masse de ces richesses ; le prix de l'argent n'est que son rapport de tous les jours, de tous les instants avec les objets qu'il nous procure.

Autre chose donc est le taux de l'intérêt qui s'élève ou s'abaisse en sens inverse du progrès de la fortune publique ; autre chose, les continuelles fluctuations du prix de l'argent qui ne sont que des accidents passagers, fugitifs de ce progrès.

Aussi, l'apologie du système de la Banque de France qui motive sur l'un de ces accidents l'élévation de son escompte, comme s'il devait en résulter une révolution dans le taux de l'intérêt, me trouve aussi rebelle que surpris.

Si l'on en croyait ses partisants, il semblerait que ce grand établissement n'a, dans ces conjonctures, d'autres soucis que de prévenir l'émigration du numéraire, de sauvegarder son encaisse métallique, d'avertir le pays et de lui ménager ses ressources ; que c'est l'unique but de l'élévation de l'escompte, seul moyen qui permette à la Banque d'aider le commerce à traverser, chèrement sans doute, mais enfin à traverser et c'est le point im-

portant, des crises financières, qui, autrement, abouti-
raient à des catastrophes.

Il faudrait crier Hosanna ! si telle était en effet, l'œuvre
de la Banque. Malheureusement je ne puis voir là qu'un
tableau de fantaisie inspiré par ses comptes-rendus, une
prestigieuse fiction impuissante toutefois à dérober à
mes yeux la triste réalité accusée par les faits.

C'est que les faits ont aussi leur éloquence ; mais
avant de leur donner la parole, et afin qu'ils soient plus
justement appréciés, quelques mots sur la Banque de
France, son organisation et son but ; tout le monde ne
les connait pas.

La Banque de France date de l'an VIII. Son premier
actionnaire fut le premier Consul. Elle constitue
l'une des mesures par lesquelles son génie sut, en
en quelques jours, relever le crédit si profondément
ébranlé par les pratiques révolutionnaires. Simple
société anonyme à son début, elle reçut de la loi du 24
germinal an XI et des décrets du 12 avril 1806 et du 16
janvier 1808, le caractère d'un véritable établissement
public. Il n'est pas nécessaire et ce n'est pas ici le lieu
de détailler l'objet de sa mission successivement étendue
par différentes lois : mais elle est énergiquement résu-
mée par une lettre de Napoléon Ier, son fondateur, à son
ministre des finances. L'Empereur s'était déjà plaint de
l'escompte à 6 "|₀ qu'il qualifiait de SCANDALEUX ; en
1810, il ordonnait à M. Mollien de dire au gouverneur
de la Banque et aux régents qu'ils devaient écrire en
lettres d'or, dans le lieu de leurs assemblées : que le
but de la Banque de France est « D'ESCOMPTER LES
« CRÉDITS DE TOUTES LES MAISONS A 4 °|₀. »

Le service réclamé de la Banque n'était pas gratuit.
Dès l'origine elle opérait, comme aujourd'hui, avec des
billets au porteur remboursables à présentation ; mais
d'autres établissements employaient aussi ce moyen ; la
loi de l'an XI lui en conféra le privilège, exclusif, et ce
privilège prorogé en 1806, prorogé en 1840, prorogé
en 1857, lui est assuré jusqu'au 31 décembre 1897, en

telles conditions que, de l'an XI à 1840, aucune banque départementale d'émission n'a pu être établie qu'avec l'autorisation du gouvernement, et que depuis 1840 il n'en peut être fondé qu'en vertu d'une loi.

Le gouvernement usant de son droit, avait autorisé, de 1817 à 1818, les banques de Rouen, de Nantes et de Bordeaux, et de 1835 à 1838, celles de Lyon, Marseille, Lille, le Havre, Toulouse et Orléans, toutes indépendantes les unes des autres et indépendantes de la Banque de France.

Ces divers établissements fonctionnant concurremment et rivalisant de zèle, donnèrent d'excellents résultats. Sauf en 1847, année de crise des céréales, et pendant très peu de temps, où l'escompte s'éleva à 5 °/₀ jamais, depuis 1810 jusqu'en 1848, il ne dépassa 4 ; sur plusieurs points il descendit même à 3 1⁄2 et 3 °/₀.

La révolution de février devait arrêter cet heureux essor. Sous l'empire de l'inquiétude que cet événement jeta dans les esprits et des besoins qu'il fit naître, la Banque assiégée de demandes en remboursement de ses billets, voyait s'épuiser son encaisse, une suspension était éminente, il fallait un remède héroïque ; le cours forcé des billets et la faculté par la Banque d'en ajourner le remboursement, furent décrétés le 15 mars 1848.

Cette mesure qui sauva la Banque frappait mortellement ses rivales des départements. En effet, le cours forcé commandait un maximum d'émission, ce maximum la haute surveillance de l'État, et cette surveillance la centralisation des opérations. Elle ne se fit pas attendre : deux décrets des 27 avril et 2 mai de la même année, réunirent les banques départementales à la Banque de France. Ainsi absorbées, elles perdaient leur indépendance avec leur autonomie ; elles se transformaient en succursales assujetties au régime de la métropole et placées sous sa direction immédiate.

De cette concentration, date pour la Banque une nouvelle ère qui va s'accuser peu à peu et se dessiner nettement en 1857, ère douce et féconde pour elle, ère dure et ruineuse pour le commerce et l'industrie. Ce puissant établissement, le plus puissant des établissements financiers de l'Europe, a rendu, il serait injuste de le méconnaître, de grands services qui lui ont mérité la reconnaissance du pays. Il en rendra encore, mais à un prix qui n'enchaînera pas cette reconnaissance.

Délivrée d'une active et gênante concurrence, débarrassée deux ans après du maximum d'émission qui ne pouvait survivre au cours forcé, la Banque s'attachera désormais à se fortifier, à s'agrandir encore, à assurer sa domination, à tirer parti de sa puissance, et elle sera habile à saisir les occasions.

La loi de 1840, en prorogeant son privilége jusqu'en 1867, avait réservé le droit d'y mettre fin dès 1855. La Banque s'est dégagée de cette réserve en faisant de son retrait la condition d'un délai dont le Trésor avait besoin pour lui rembourser 75 millions prêtés en 1848.

Une organisation plus économique des services publics exigeait certains arrangements de trésorerie avec la Banque ; elle s'empresse d'y souscrire et met à profit cette circonstance. C'était en 1857. Son privilége avait encore 10 ans de durée : n'importe, elle en demande une nouvelle prorogation de 30 ans, offrant d'augmenter de 100 millions 375 mille francs son fonds de garantie, dont 100 millions seraient versés au Trésor en échange de 4 millions de rente transférés par la caisse d'amortissement ; elle demande, de plus, pour neutraliser, le cas échéant, l'effet des surélevations d'escompte à l'étranger, un droit de *commission* en outre de son escompte, et tout cela est admis par la loi du 10 juin qui, au lieu du *droit de commission*, autorise une *élévation d'intérêt*, modification qui ne s'explique guère, et qui permet de supposer que la doctrine du libre intérêt s'était glissée là inaperçue pour faire une première brèche législative à la loi de 1807.

Ainsi, plus de concurrentes, des vassales : monopole jusqu'à la fin du siècle pour l'émission de billets au porteur ; liberté pour elle seule d'élever arbitrairement le taux légal de l'intérêt ; tels sont les priviléges de la Banque.

Il semble que ces droits superbes, que l'immense confiance qu'ils commandent et que rehausse encore le patronage de l'État, devraient bien, en retour, créer de grands devoirs ; que la Banque, en possession de tant d'avantages, armée par là des plus vastes moyens, devrait, plus que jamais, remplir le programme de son fondateur, c'est-à-dire escompter au-dessous du taux légal, à 4 0|0 tout au plus, assumer, du moment qu'elle le peut, les sacrifices qu'imposent les crises financières, et non pas les imposer, à son profit, sur le commerce.

Agit-elle dans cet ordre d'idées ? Écoutons les faits :

La monnaie fiduciaire, a-t-on dit, est, pour les banques d'émission, une cause de force et de faiblesse en même temps. Les faits répondent que les billets de la Banque de France sont le principe et l'instrument de sa puissance et la source de ses bénéfices.

Le principe et l'instrument de sa puissance ? En effet, la Banque fait annuellement pour plus de sept milliards d'opérations sans y mettre un centime de son avoir s'élevant à 218 millions, dont 150 millions employés en rentes, 60 millions engagés à l'État, en vertu de la loi de 1857, et 8 millions représentés par des immeubles ; en sorte que c'est avec ses 800 millions de billets fiduciaires, formant le quadruple de son capital, c'est-à-dire avec le produit de la confiance publique dont elle est redevable à ses priviléges, qu'elle réalise ce chiffre énorme d'affaires !

Une source de bénéfices ? Quoi de plus évident ? N'est-ce pas cette masse fiduciaire qui menace les réserves métalliques relativement trop faibles et qu'il incombe à la Banque de mieux proportionner avec sa circulation ? N'est-ce pas pour les défendre qu'on élève le taux de l'escompte ? Et cette mesure défensive, en supposant, en moyenne, une élévation d'un 0|0 dans le cours d'une année, ne rapporte-t-elle pas à la Banque un bénéfice net, en chiffres ronds, de 6 à 7 millions ? D'où il suit que cette prétendue faiblesse imputable à l'administration de la Banque, est encore un de ses côtés productifs!

Soit, mais en faut-il moins sauvegarder l'encaisse sous peine de voir le service interrompu, la Banque aux expédients, le commerce aux abois? Voici la réponse des faits : tandis que la Banque faisait peser sur le commerce l'insuffisance de ses réserves et les nécessités de son fonctionnement, elle gardait paisiblement en portefeuille pour 150 millions de rentes qui, convertis en or, auraient pu, peut-être, conjurer la crise. Devait-elle s'adresser au commerce, avant d'avoir épuisé ces 150 millions, et si ce n'était pas assez, les avantages exeptionnels dont elle jouit, les moyens dont elle dispose, ne lui imposaient-ils pas le devoir d'aviser aux dépens de ses ressources propres et de ne grever sa clientèle qu'à la dernière extrémité ? La Banque a conservé ses rentes intactes et avec elles les 7 millions de revenu qu'elle eût perdus en les réalisant, et elle s'est fait, en outre, un revenu de 6 à 7 millions de la surévélation de l'intérêt, ensemble 14 millions !!! Quel que soit le mobile du système qu'elle a suivi, il est clair que la sécurité de son établissement et le soin de ses intérêts se sont trouvés merveilleusement conciliés aux dépens du commerce !

Soit encore, si la préservation de l'encaisse était le seul motif de l'élévation de l'escompte ; mais on ne doit pas perdre de vue qu'il s'agit aussi de retenir nos métaux précieux qui nous quitteraient infailliblement dès qu'un taux plus élevé les solliciterait ailleurs. Erreur, qui ne résistera point aux faits. Est-ce qu'avant 1857, notre or, notre argent s'échappaient aussitôt que la Banque d'Angleterre élevait son escompte? Le numéraire ne se déplace pas ainsi. Il ne se porterait pas chez nos voisins en quantité suffisante pour nous faire sentir sa rareté, sans y surabonder, s'y avilir et faire cesser bientôt la cause qui l'y aurait attiré. D'ailleurs il est constaté que des importations d'or et d'argent excèdent de 150 millions, en moyenne, nos exportations annuelles d'espèces et que, dans les plus mauvaises années, la balance est toujours en notre faveur.

On ne contestera pas, du moins, que le commerce n'ait trouvé, en retour de ses sacrifices, beaucoup plus de facilités, de latitude que sous le régime du taux invariable? L'inexorabilité des faits vient contester aussi ce point. Bien des crises ont été traversées avant 1857 et 1864, jamais les pratiques de la Banque ont-elles amené une explosion unanime de plaintes comme celle dont les échos retentissent encore? Plaintes fondées, car en payant fort cher les services de la Banque, le pays devait espérer d'en être largement secouru, et il n'en a pas été ainsi ; les comptes-rendus de cet établissement montrent, au contraire, que de janvier à décembre la circulation a été restreinte de 237 millions, qui ont fait défaut au commerce et à l'industrie au moment des plus grands besoins, sans dommage pour la Banque ; l'élévation du taux ayant plus que compensé le déficit de ses opérations!

Enfin, démonstration d'une brutale éloquence, les faits nous apprennent que dans les six premiers mois de 1854, la Banque a réalisé 26 millions et demi de bénéfices ; soit, le second semestre ayant dû répondre au premier, 53 millions ou 30 0\|0 de son capital!!

Trente pour cent! Or, le capital de la Banque, placé comme je l'ai dit plus haut et resté en dehors de la circulation, n'ayant pu donner plus de 10 millions, c'est 43 millions gagnés sur le papier fiduciaire, sur la confiance du pays qui, seule, communique à ce papier une valeur absolue !!

Est-il déraisonnable de demander que la Banque se réduise à 4 °\|₀, comme le voulait Napoléon Iᵉʳ? 4 °\|₀ sur ces 800 millions de billets! Mais c'est 16 °\|₀ de son capital propre!! et 5 1\|2, — un de plus que ne se donne la rente, — du capital énorme auquel des revenus excessifs, frappés sur la circulation, ont fait monter ses actions.

Trouverait-on ce résultat par trop modeste?

Si encore il ne fallait compter qu'avec la Banque de France ! mais grâce à concert financier qu'on préconise, dès que celle de Londres sonne le *do* de la hausse, non-seulement la Banque de France et ses cinquante-quatre succursales s'empressent de s'accorder sur elle, mais toutes les banques particulières qu'elles alimentent sont forcées de prendre le diapason, et les 6, 7, 8, 9 de la Banque privilégiée et de ses comptoirs, deviennent pour les autres établissements,— ceux qui n'ont pas de bons au porteur, qui paient pour être admis aux escomptes de la Banque, qui paient les intérêts de leurs dépôts, — des 8, 10, 12 et 14 0[0.

Quel commerce, quelle industrie résisteraient à cette âpre moisson du capital !

Ils s'en indemniseront en élevant le prix des choses , répondent certains économistes ; l'important est de se procurer de l'argent à quelque prix que ce soit.

Ces économistes se trompent ; l'illustre chef de l'école, Turgot, n'était pas de leur avis.

Une pareille aggravation de dépenses étouffera en germe mille projets, arrêtera au début, sans parler de celles qu'elle écrasera dans leur cours, mille entreprises, qui ne peuvent vivre que d'économie. Autant se croiser les bras, que de subir avec la finance le partage du Lion !

Vouloir grever d'autant le consommateur, que n'enrichit point l'opulente dîme de la Banque, n'est pas plus sage que légitime. Ce serait restreindre la consommation, paralyser le travail, atteindre toutes les sources du bien-être. Le bas prix fait la consommation, et point de bas prix avec de hauts intérêts, Point de production devrais-je dire. Devant un taux trop élevé toute activité cesse, la spéculation s'arrête, la fabrication languit, les affaires périclitent, tandis que toujours l'argent à bas prix, marque certaine de prospérité et de confiance, anime le mouvement, pousse aux entreprises et fait couler une sève vivifiante dans les créations de l'industrie.

Oublie-t-on, d'ailleurs que tous les commerçants n'ont pas besoin du secours de la Banque ? Comment ceux qui ne peuvent travailler qu'avec son aide, s'il leur faut payer

des 8, 10, 12 et 14 0[0, soutiendront-ils la concurrence
de rivaux opérant avec leurs propres ressources ? Ils ne le
pourront pas : ils travailleront pour le banquier en attendant qu'ils aillent grossir le catalogue des faillites !

J'ai signalé quelques-uns des déplorables effets de la
loi de 1857. Je lui reproche encore autre chose. En dé-
gageant la Banque des liens du taux légal, elle l'a, par
cela même, affranchie d'un souci précieux pour ses
clients. Sous le régime antérieur, ne pouvant réaliser
de bénéfices qu'en proportion de son chiffre d'affaires,
elle devait naturellement tendre à développer ses opérations, et chaque fois qu'à l'aspect de quelques symptômes
anormaux, le soin de sa sûreté pouvait lui conseiller de
modérer sa marche, ses intérêts en éveil la poussaient en
avant. Aussi devait-elle ne se déterminer qu'après avoir
attentivement scruté l'horizon de la finance et n'enrayer
qu'à bon escient. Sa condition actuelle est toute autre.
Ces deux forces opposées qui la tiraient en sens contraire, la sollicitent aujourd'hui vers le même but : en
pourvoyant à sa sécurité par une élévation d'escompte,
elle donne, en même temps, ample satisfaction à ses intérêts, d'où il suit qu'au plus léger souffle de crise tout
l'invite à arborer le drapeau de la hausse, gage de salut,
source de bénéfices pour elle, signe de détresse pour le
pays où il porte l'embarras, la gêne et l'inquiétude.

Je ne prétends pas dire que la Banque cède volontiers
à la peur dont elle profiterait ; cependant il y a une chose
que je ne m'explique pas. On attribue la crise que nous
subissons à l'écoulement incessant de nos métaux précieux vers l'Orient à la recherche des cotons. Je ne sache
pas que ce mouvement se soit arrêté ou que du moins
l'or et l'argent qu'il avait emporté, depuis l'origine de
la crise jusqu'au mois de décembre dernier, nous soient
revenus, et néanmoins, dans ce même mois de décembre,
au moment de la grande clameur qui s'était élevée contre
elle, la Banque a soudainement abaissé son taux de 8 à
4 0[0.

Quoi qu'il en soit, le commerce et l'industrie souffrent et la Banque s'enrichit ; ses titres, cotés fort haut, sont les plus recherchés parmi les valeurs industrielles. Je ne veux pas le trouver mauvais, mais je persiste à regretter ce besoin de revenu qui attire trop exclusivement les capitaux vers ces sortes de valeurs en général et les détourne de la propriété foncière.

Cette propriété dont le capital s'élève à près de 100 milliards, qui entretient constamment une population chevaline et un bétail d'une valeur d'au moins 6 milliards, somme égale au montant de toutes les actions et obligations des chemins de fer, et livre chaque année pour 9 à 10 milliards de produits à la consommation et à l'industrie, est aussi une valeur respectable et qui mérite l'attention, j'oserais dire la faveur du gros capital, valeur de présent et d'avenir, solide entre toutes et qui jamais n'a trompé personne.

Je ne sais où l'on a pris qu'elle avait été portée en 1846, à un capital *extravagant* que *probablement elle ne retrouverait plus jamais.* A cette époque le taux vénal des terres, j'ai pu m'en assurer, était plus élevé en Belgique qu'en France, et il s'y est maintenu. La révolution de février l'a fait tomber chez nous, de même qu'elle a déprécié toutes les autres valeurs et spécialement les actions de la Banque qui tombèrent à 950 fr. — Mais il a suffi de quelques années de prospérité pour le relever , à ce point que ceux qui ont acheté en 1846 , peuvent se tenir pour certains qu'ils revendraient aujourd'hui avec bénéfice. En peut on dire autant de ces actions industrielles achetées il y a sept à huit ans 800 fr., 900 fr., 1,000 et plus, qui sont descendues tout près de 500 fr. ? et d'autres qui ont coûté de 14 à 1,500 fr., tombées à 8 ou 900 fr. ? Les actions de la Banque sont, certes, en belle passe, ses priviléges leur ouvrent une magnifique perspective ; pourtant, s'il lui fallait liquider demain, où la Banque prendrait-elle ? Ses actions au cours actuel représentant 630 millions, et je ne lui connais, d'après sa situation au 12 de ce mois, (*) que 209 millions, plus 7 millions, produit mis en réserve, de l'intérêt excédant 6 0[0 ? L'avenir est brillant, mais on voit que déjà il s'escompte largement !

Ce que j'ai dit de la propriété foncière peut s'appliquer à la rente publique. Un placement qui pour 67 fr. donne 3 fr. de rente, ce qui équivaut à 4 1[2 0[0 , et assure, en cas de remboursement, un capital de 100 fr. me paraît de nature a devoir toujours être recherché , surtout quand c'est l'Etat qui en est le débiteur.

Malgré tout cela, les valeurs au gros revenus font déjà, depuis quelques années, une rude concurrence aux immeubles et à la rente.

Je n'ai pu attribuer à la liberté de l'intérêt qui n'existe pas encore cet appétit, cette cupidité du revenu qui trop souvent conduit à aventurer le capital ; je l'ai constatée, je la constate comme une tendance générale contraire à l'établissement de cette liberté, en ce sens quelle en montre les dangers. On veut du revenu quand même. Quelle mine plus abondante que l'usure pour qui sait l'exploiter, et on pourra le faire, la loi à la main, sous le drapeau de la liberté ! La Banque décime le commerce et l'industrie ; l'usure pressurera les embarras de fortune, la gêne, la misère.

Beaucoup de partisans de la liberté de l'intérêt en attendent, je le sais, un tout autre résultat; je ne puis le comprendre. Dans les conditions économiques et morales de notre société, cette liberté qu'ils poursuivent tournerait contre leur but. Ce serait purement et simplement la permission de prêter au-dessus du taux légal actuel , et elle n'aurait d'autre conséquence qu'une surélévation permanente du taux de l'intérêt.

J'avais cité et avec raison, je crois l'avoir prouvé , l'exemple de ce qui se passe depuis que la Banque de France jouit de cette liberté ; je pourrais y ajouter celui de l'Angleterre où la liberté de l'intérêt n'empêche pas la Banque de Londres de porter ses escomptes à 7, 8, 9 et 10 0[0.

(*) Janvier 1865.

Insistons sur ce qui touche l'intérêt en matière commerciale, car c'est du commerce surtout qu'on espère un appui dans cette campagne contre la loi de 1807. On sait comment s'établissent et fonctionnent les banques privées, si éminemment utiles à nos commerçants et à nos agriculteurs. Les dépôts de l'économie flottante attendant un placement ferme, dépôts qui souvent restent des années, sont retirés et remplacés par d'autres, entrent, pour une part notable, dans le fonds de circulation de ces banques ; j'entends par fonds de circulation l'argent remis aux tiers contre des billets dont le banquier refait argent, à son tour, en les escomptant à la Banque de France ou ailleurs. Le maximum légal ne leur permet guère de payer au-delà de 4 0į0 l'intérêt de ces capitaux auxiliaires. Or, croit-on que, lorsque l'intérêt sera libre, lorsque chacun entendra parler autour de soi de placements à 6, 7 et peut-être 8, que ces économies seront livrées à 4 0į0 au banquier ? C'est impossible. Force lui sera de les prendre à un ou deux de plus, sauf à élever proportionnellement l'escompte, nouvelle et lourde charge à prélever sur des bénéfices déjà si grandement décimés !

Vous raisonnez toujours d'après les données du régime restrictif, me dira-t-on, et les choses se passeront autrement dès que l'argent sera devenu une marchandise comme une autre. Ceci me ramène à l'examen qui devait être l'objet spécial de ma seconde lettre ; mais je m'aperçois, depuis longtemps déjà, que les développements dans lesquels je me suis sans doute trop étendu, excèdent de beaucoup les bornes d'un article de journal, et je coupe ici cette communication que je reprendrai sous très peu de jours. Je termine aujourd'hui en livrant à la méditation de vos lecteurs ces réflexions de M. Isaac Pereire, auquel je suis redevable, d'une partie, des renseignements dont je viens de faire usage :

« N'oublions pas, dit cet éminent financier, que les
« exactions des prêteurs étaient l'une des principales
« causes des dissensions intestines qui dévoraient la so-

« ciété romaine, des révolutions auxquelles elle était si
« fréquemment en proie.

« Dans nos *sociétés modernes*, qui ne vivent que par
« le travail, de pareilles prétentions, *des élévations in-*
« *définies du taux de l'intérêt*, COMME CELLES DONT
« NOUS SOMMES LES TÉMOINS, n'auraient pas une in-
« fluence *moins marquée*, des conséquences *moins*
« *affligeantes*, car le moindre chômage est, comme l'on
« sait, gros de misères et de calamités. »

Veuillez agréer, Monsieur le rédacteur, l'assurance de
mes sentiments les plus distingués.

NIOBEY.

3me LETTRE

Janvier 1871.

Monsieur le Directeur,

Ce que j'ai dit de la Banque de France était exact au commencement de 1865 et l'est encore aujourd'hui. Toutefois les critiques relatives à la surélévation de l'escompte n'ont plus maintenant de raison d'être.

Vers les premiers mois de 1865, en effet, la Banque, émue des doléances du commerce aux abois, pressée par les réclamations qui se produisaient de toutes parts et sous toutes les formes, abaissa son escompte, et, rendue moins soigneuse de régler ses mouvements sur ceux des Banques étrangères, ne l'a pas sensiblement relevé depuis.

Il est à remarquer que son encaisse métallique n'a pas été pour cela compromis : il n'a fait que grossir au contraire, d'où la conséquence que, comme nous le soutenions contre elle, les surélévations de taux qu'elle motivait sur la nécessité de préserver cet encaisse, n'étaient pas fondées et, partant, pas légitimes.

Enfin justice a été faite de ce procédé si onéreux pour le commerce, et j'aurais pu ne pas rééditer des reproches dont la cause a cessé. Je m'en serais dispensé volontiers surtout dans des circonstances où les ressources de la Banque, mises à la disposition du gouvernement, ont rendu au pays, à la société d'inappréciables services ; mais je m'aperçois, chaque jour, que peu de personnes savent, ce que c'est, au juste, que la Banque de France ; que beaucoup s'en font une très fausse idée, et, tout en conservant à ce grand établissement, le sentiment de gratitude qu'inspire le précieux concours par lui prêté au triomphe du droit, de l'ordre, de la civilisation, j'ai pensé qu'il était bon, justement à l'occasion de ce concours qui, si l'on n'y prend garde pourrait être un premier pas dans une voie où il serait fâcheux qu'elle s'engageât, de faire connaître l'origine de la Banque, son but, le gage réel de sa responsabilité, ses moyens d'action, le principe de son immense crédit et ses tendances ; tel a été l'objet de la publication de ma seconde lettre.

Oui, il est bon qu'on le sache ou qu'on se le rappelle et qu'on ne le perde pas de vue, et c'est ce qui ressort de cette lettre :

La Banque de France a été créée et organisée principalement pour les besoins du commerce.

Son actif réel, actif qui constitue son fond de garantie, consiste dans une somme de 220,000 millions soit affectés au service du Trésor, soit employés en rentes sur l'État et en immeubles ou gardée en réserve ;

Par conséquent, la Banque opère uniquement à l'aide de billets au porteur, QU'ELLE, SEULE, a droit d'émettre ;

Ces billets, dont le chiffre s'accroit, à mesure du développement des affaires, s'élèvent aujourd'hui à deux milliards 300 millions et peuvent atteindre, sans nouvelle autorisation, deux milliards 400 millions ;

Il sont représentés par son encaisse métallique (s'élevant en ce moment à 550 millions , par son portefeuille, par ses créances en général, au nombre desquelles 1,200 millions dus par l'État ; c'était il y a peu de jours, 1,330 millions d'après les déclarations de M. Thiers, devant l'Assemblée nationale :

Pour garantir le résultat des vastes opérations qui ont conduit à l'émission de ce chiffre énorme — 2 milliards 300 millions — de billets, la Banque ne possède rien autre chose que ses 220 millions dont j'ai dit plus haut l'affectation, de telle sorte que si, par une cause quelconque, elle venait à perdre 220,000 millions, elle ne présenterait plus pour sa responsabilité que son encaisse, son portefeuille et ses créances diverses, et que si ensuite, elle perdait sur son portefeuille ou sur ses créances, les détenteurs de ses billets auraient à supporter cette perte.

Je me hâte de dire qu'une perte de cette importance n'est pas probable : la sagesse habituelle de la Banque, la prudence, la circonspection dont elle a fait preuve jusqu'à ce jour et qui, jointes au privilége dont elle jouit et à la haute protection de l'État, ont constitué son immense crédit et fondé sa puissance, en éloignent l'idée ; mais ils l'éloignent à une condition : c'est que la Banque, l'œil sur ses statuts, fidèle à ses antécédents, se renfermera strictement dans ses attributions et ne se laissera pas entraîner dans des voies périlleuses.

L'exemple de ce qui vient de se produire en pourrait donner la tentation ; qu'elle n'y succombe point : l'État, en général, ne doit pas être le client de la Banque en dehors des limites de la loi. Que dans une crise suprême, elle ait ouvert ses caisses au gouvernement à qui la France avait confié le soin de son salut, à merveille ! C'était là un acte de patriotisme où sa prudence et ses intérêts trouvaient leur compte ; mais des actes de ce genre doivent être exceptionnels comme le sont elles-mêmes les circonstances qui les autorisent. La Banque n'a pas été instituée pour faire de si gros prêts à l'État, et il pourrait être dangereux qu'en temps normal, le gouvernement s'habituât à puiser dans les ressources dont elle dispose.

Ce danger saute aux yeux. Les ressources de la Banque

en dehors de ses **220** millions d'actif propre, consistent uniquement, nous l'avons vu, dans ce qu'elle tient de la confiance publique.

Elle a pu faire accepter à cette confiance pour plus de 2 milliards de billets au porteur parce qu'on est convaincu que, toujours sage et prévoyante, elle possède en espèces ou en valeurs solides, d'une réalisation facile et à court délai, l'équivalent de ces billets et qu'elle est toujours prête à les rembourser en argent à bureau ouvert.

Elle a pu même, sans altérer cette confiance, obtenir le cours forcé de ses billets et la dispense de les rembourser en espèces, parce qu'on n'a vu là qu'une mesure *temporaire* commandée par les ciconstances,

Mais du jour où la Banque entrerait habituellement dans les prêts d'État, où elle se chargerait de créances remboursables à longue échéance, de telle sorte qu'on dût, pour la préserver d'une crise, maintenir le cours forcé des billets et la dispense de leur remboursement à bureau ouvert, de ce jour-là, croit-on que la confiance dans ces billets ne courrait pas le risque d'être ébranlée?

Il faut, si je ne me trompe, pour que cette confiance soit entière, que le billet de Banque, ce papier qui n'est en lui-même qu'un signe de la valeur, emporte constamment avec lui la certitude qu'il sera échangé contre l'équivalent en espèces, métalliques, à toute réquisition à la caisse de la Banque. Or il est plus que douteux qu'une telle certitude puisse co-exister longtemps avec la permanence d'un découvert considérable de la Banque à l'égard de l'État, d'une de ces dettes que le créancier peut se trouver impuissant à exiger, le débiteur dans l'impossibilité de rembourser à jour fixe,

Ces expressions de signe, d'échange et d'équivalent me rappellent, un peu tard, j'en conviens, Monsieur le Directeur, à ce qui devait être le sujet de cette lettre : l'examen de la théorie de *l'argent marchandise*.

Je ne prétends pas établir une discussion en règle sur cette matière, j'ai déjà trop abusé de vos colonnes. Je me bornerai donc à quelques réflexions pratiqués qui me semblent suffisantes pour faire écarter cette théorie.

Selon ses partisans, l'argent est une marchandise comme une autre ; comme toute marchandise. il doit suivre les conséquences du rapport entre l'offre et la demande : s'il abonde et est peu demandé, l'intérêt qui en forme le prix sera faible. S'il est rare, au contraire, s'il est recherché, le taux s'élèvera ; rien de plus naturel, ainsi le veut la loi économique.

Je ne puis, admettre ce système séduisant en apparence, aisé à bâtir en paroles, mais trompeur au fond et que je vois s'écrouler aussitôt que je mets en contact avec les faits.

L'argent, n'étant *qu'instrument d'échange*, et c'est de cet argent ou si l'on veut de ce que nous appelons *numéraire* qu'il s'agit dans cette thèse, n'est pas une marchandise comme une autre ou plutôt n'est pas une marchandise et un taux d'intérêt susceptible de varier comme varie à l'infini, d'un jour à l'autre dans le même jour, d'un point à un autre point sur le même point, le prix de chaque espèce de marchandises, ne saurait constituer l'intérêt normal de l'argent.

Qu'y-a-t-il donc de commun entre la marchandise et l'argent.

L'argent par sa nature et son office d'instrument d'échange, diffère essentiellement de la plupart des marchandises ; presque toutes son destinées à la consommation ou à un usage qui tôt ou tard, doit les anéantir ; l'argent ne se consomme et l'on pourrait presque dire, ne s'anéantit réellement pas.

Un grand nombre de marchandises veulent être consommées aussitôt que produites à peine de déchet, d'avarie et même de perte totale ; l'argent se conserve indéfiniment sans perte relative.

Beaucoup peuvent être gardées durant un certain temps. — Il en est peu qui gagnent à vieillir — après quoi elles sont défraichies ou démodées et dépréciées ; toujours frais, toujours de mode, l'argent, maintient son prix.

D'autres, d'un volume encombrant ou d'une garde délicate, ne peuvent être conservées qu'en petite quantité ou à l'aide de soins dispendieux ; il faut peu de place à beaucoup d'argent ; on peut l'accumuler dans un étroit espace, soit en espèces, soit en titres solides, se résolvant en espèces et, sans frais, ni péril réel, le conserver en masse, de mille manières.

On ne se procure, en général, des marchandises que pour les besoins et l'usage du jour, de la semaine, de la saison, de l'année, tandis que l'argent s'amasse, se capitalise et que chacun tâche à s'en former un fond, une fortune où lui, ses enfants et les enfants de ses enfants puiseront, à perpétuité, pour les besoins présents et futurs, les agréments et les jouissances de la vie.

Les marchandises, en se dissimulant, tenteraient en vain, de faire la loi à l'argent ; elles ne la feraient pas longtemps au besoin qui, poussé à bout, saurait bien les découvrir à leurs risques et périls ; beaucoup plus aisé à cacher et d'une nécessité souvent moins impérieuse, l'argent est plus sûr en sa retraite et peut n'en sortir que lorsque son intérêt l'y invite :

Dans l'état de nos mœurs économiques, le producteur n'a qu'un seul moyen de tirer parti de ce qu'il possède de marchandises au-delà de sa propre consommation : c'est d'en faire de l'argent ; l'argent plus favorisé, pouvant s'échanger contre telle marchandise qu'il lui convient ou s'employer de toute autre manière, dispose de moyens infinis d'utilisation.

Mais il y a un point, point capital, point décisif, par où l'argent, j'entends toujours le numéraire, diffère bien autrement de la marchandise ; c'est en ce que, d'après notre législation, d'accord à cet égard, avec des usages universellement établis, nés du besoin des sociétés modernes, nul ne peut payer une dette, se libérer d'une obligation de somme, d'un engagement pécuniaire, qu'au moyen de l'argent !!

De ce parallèle entre leur condition respective, para -

lèle qu'il serait facile de pousser plus loin, ne résulte-t-il pas, en faveur de l'argent *sur la marchandise*, une supériorité dominatrice ?

Cette supériorité qui se montre à la seule comparaison de la nature des deux choses, s'affirmera, se manifestera avec bien plus de force et d'énergie, si l'on prend la peine d'observer leur attitude, vis-à-vis l'une de l'autre, dans le commerce ordinaire de la vie.

Il n'est personne qui n'ait vu la marchandise, en quête de l'argent, se rassembler dans de vastes bazars, s'étaler dans de superbes magasins, s'entasser dans les halles, s'exposer sur les places, sur les marchés, dans les rues et ne rougir même pas d'aller s'offrir humblement de porte en porte ; tandis que l'argent, conscient de son pouvoir, la regarde avec hauteur, la traite avec indifférence, souvent la dédaigne et parfois la repousse avec dureté si son empressement, ses sollicitations l'importunent.

Voit-on l'argent recourir à ces séductions, déployer ces prévenances, imiter ces complaisances mercenaires à la poursuite de la marchandise ? Le vit-on jamais, en peine de s'utiliser, courir, à pleine escarcelle, le sourire aux lèvres et chapeau bas, au devant de l'emprunteur ?

C'est le contraire qui a lieu ? L'argent, en grand Seigneur, reste dignement chez lui où quiconque a besoin de ses services, ira avec plus ou moins de trouble, d'embarras, d'obséquiosité réclamer, j'allais dire mendier, son assistance et recevoir ses lois, lois qu'on ne discute guère, en général, qu'on ne discute pas du tout lorsqu'elles sont imposées à la gêne ou à l'amour-propre que le pénible aveu du manque d'argent blesse presque toujours, si bien que tel à la recherche d'un objet de commerce ou de consommation qu'il tient à payer le moins cher possible, trouve tout naturel d'aller en plein marché, en pleine rue, de place en place, de boutique en boutique, disputer quelques pièces de cinq francs sur un bœuf, quelques sous sur un volatile, sur un mètre d'étoffe, en passera, tout de suite, par les conditions du marchand d'argent plutôt que d'en tenter de plus favorables auprès d'un autre de ces terribles négociants, qu'autant que possible il n'aborde que dans l'ombre et par la porte bâtarde. Cela semble étrange, mais l'homme est ainsi fait ; trente ans d'expérience et d'observation m'en ont convaincu ; rien n'humilie autant que de confesser un besoin d'argent. On l'avoue à l'usurier, on le cache à ses amis !!

Veut-on, en témoignage des avantages, de la supériorité de l'argent sur la marchandise, quelques traits saisissants dont tout le monde a pu être frappé ?

J'ai, dans ma première lettre, signalé les effets désastreux de la loi du 11 avril 1793, qui, en déclarant l'argent *marchandise*, légitimait l'usure et ouvrait à ses exactions, un champ sans limites qu'elle se montra si ardente, si âpre à exploiter que la loi, épouvantée, dut, après quelques temps d'épreuve, marqués par des ruines, lui retirer sa funeste licence ; mais qui sera touché aujourd'hui de ces maux du siècle passé ? Pour beaucoup ce sont des contes de l'autre monde. Prenons, plus près de nous, d'autres exemples qui, pour n'être pas tout à fait identiques — la loi de 1807 s'y opposait, — n'en seront pas moins concluants.

Qui ne se souvient des événements de 1848 ? Au moment où ils vinrent nous surprendre, la France était riche, prospère ; l'argent circulait à flots au sein du commerce et de l'industrie dont il secondait les merveilleux développements Tout à coup il s'émeut, il s'effraye ; à l'aspect des ateliers nationaux, de l'impôt des quarante-cinq centimes et de tout le cortége révolutionnaire, il fait retraite et disparaît. Dès lors le commerce languit, la production s'arrête. Par bonheur les magasins étaient remplis, les greniers regorgeaient, car qui sait ce qui fût advenu dans une situation différente ?

Mais l'argent ne se montrait plus, les marchandises étaient à don et il y avait à craindre de ne pas les voir se renouveler faute d'un prix rémunérateur. Les commerçants les plus solidement établis, de grands manufactu-

riers même au milieu des objets de leur commerce, des
produits de leur industrie, sans argent, pour payer leurs
engagements, ne devaient qu'a la protection d'une loi exceptionnelle de ne pas subir la flétrissure de la faillite ;
heureuse protection qui sauvait l'honneur et atténuait les
pertes ! ! Que ne pouvait-elle étendre ses bienfaits au
propriétaire, au rentier, à l'agriculteur et à tant d'autres
que, en l'absence de l'argent qui tout à la fois peureux et
avide, se cachait et se réservait pour les bonnes occasions, nous avons eu la douleur de voir, contraints et
forcés, pour acquitter leurs obligations, payer leurs fer-
mages, les uns vendre à vil prix leurs terres ou d'autres valeurs, les autres, entourés de richesses agricoles ,
livrer ou laisser vendre, presque pour rien, des bestiaux,
des denrées, des récoltes qui constituaient leur fortune ;
d'autres enfin, prendre de l'argent, quand il s'en trou-
vait, à douze, quinze et vingt pour cent ! ! Qu'eût été le
taux, si l'intérêt avait été libre et si, d'un autre côté, les
banques régulières que nous sommes loin de mettre en
cause ici , n'avaient autant que leurs ressources, fort
resserrées alors, pouvaient le permettre, fait une salutaire concurrence à la banque interlope, au prêt usuraire ! !

Il y avait de l'argent dans le pays cependant.

Un fait analogue ne vient-il pas encore de se passer
sous nos yeux ? Le gouvernement demande deux milliards, à six pour cent, la France lui apporte quatre
milliards ! Elle eût apporté six milliards si on lui avait
offert sept pour cent,

Pourtant combien de personnes des plus aisées, des
plus riches dont les revenus avaient été paralysés durant
la guerre et l'investissement de Paris, ont été dans la
nécessité de vivre sur leur crédit ou de subir des dix et
douze pour cent d'intérêt et quelquefois plus ?

C'est que cette prétendue marchandise qui s'appelle
argent — je le considère toujours au point de vue du
prêt à intérêt — ne s'achète pas comme s'achètent les
autres ; en aucun temps elle ne se vend à perte, en cer-

tains temps elle obtient le prix qu'elle veut et devient ainsi, de fait, maîtresse souveraine des autres marchandises.

J'ai dit qu'un prix mobile, variable à l'infini de jour en jour, de minute en minute, sous l'influence de mille causes diverses, comme le prix des marchandises en général, ne saurait constituer l'intérêt de l'argent ; il ne faut qu'un peu de réflexion pour s'en convaincre. Ma seconde lettre explique la distinction qu'il est essentiel de faire entre le prix de l'argent qui n'est que son rapport de tous les instants avec les choses qu'il nous procure et l'intérêt de l'argent ; Il ne faut qu'un peu de réflexion pour s'en convaincre. Je ne reviendrai pas sur ce point, seulement j'essayerai de le faire ressortir à l'aide d'une hypothèse qui en suggèrera d'autres que le besoin de terminer cette déjà trop longue communication, ne me permet pas de présenter ici.

J'ai besoin de blé, j'en acheterais volontiers 24 hectolitres qu'exige ma consommation annuelle, mais il se trouve qu'il a augmenté subitement de 10 fr. par hectolitre et je me borne à en prendre 2 hectolitres qui me suffiront pour un mois ; c'est vingt francs de perdus ; j'aurais perdu 240 fr. si j'avais été obligé d'acheter les 24 hectolitres à la fois ; heureusement je peux attendre, suivre le mouvement et en profiter ; sans doute il se produira dans le cours du mois une baisse qui me permettra de faire ma provision à un prix raisonnable et peut-être même de retrouver quelque chose de mes 20 francs. Mais si j'ai à payer dix mille francs qu'il me faille absolument emprunter dans un moment où l'argent est cher, force sera de les prendre au cours du jour et de subir ce cours pour la somme entière, et combien de temps le subir ? Jusqu'à ce que, *prochainement*, il s'abaisse ? oh ! non ; s'il s'abaisse *prochainement*, ce ne sera pas pour moi, le prêteur y aura mis bon ordre, il

m'aura imposé le plus long délai possible, la loi lui en
donne le droit et, songeât-elle à le lui ravir, qu'il saurait
a tourner en me faisant payer, une deux ou trois années
d'intérêt par avance ; que si, par hasard, le prêteur me
serrant de moins près, laissait le terme à ma convenance,
j'aurais du moins à subir le taux élevé jusqu'à ce qu'il
me fût possible de rendre ; car recourir à un autre emprunt dans des conditions devenues plus favorables,
pour rembourser celui-là, serait souvent chose illusoire,
les frais, en matière civile, les frais du nouvel emprunt
pouvant absorber et au-delà la différence. J'ai connu
de ces emprunts ruineux, faits de 1793 à 1807, qui
subsistaient encore en 1840 !

Je me résume :

L'argent, quoiqu'en dise la théorie économique, n'est
pas, dans l'ordre des faits dont il faut. avant tout, tenir
compte en législation, une marchandise comme une
autre. L'argent qui — relativement — ne se détériore
pas, qu'on peut aisément accaparer, cacher et ne produire au jour que dans la mesure convenable pour maintenir sa domination , l'argent surtout AU MOYEN DUQUEL
SEUL nous pouvons acheter le pain de chaque jour ,
payer une dette, remplir nos obligations, éviter la saisie,
l'expropriation, la faillite, est, en réalité, le souverain
maître de la marchandise ; si on le laisse libre, il en
sera le tyran tellement qu'en le voyant, dégagé d'entraves, aux prises, par exemple, avec l'immeuble , cette
marchandise si précieuse et si digne de protection, on
pourra répéter, avec la pénible certitude d'une trop prochaine réalisation, ces mots fatidiques : *Ceci dévorera
cela: ceci*, c'est l'argent, libre, *cela*, c'est la terre.

Puisque l'argent est un maître, un souverain, qu'on le
traite en souverain ; en haine de l'absolutisme on im-
pose, et l'on a raison, des constitutions aux souverains;
l'absolutisme de l'argent est des plus redoutables. Lais-

sons lui donc la charte du 3 septembre 1807 , et il demeurera souverain constitutionnel ; ne perdons pas de vue que cette charte l'a forcément adouci et que c'est lui et non le peuple qu'il gouverne, et qui subit son joug, qui en demande l'abolition.

Agréez, Monsieur le Directeur, l'assurance de mes sentiments les plus distingués,

NIOBEY.

Typographie S.-A. DUVANT.